NOTES BIOGRAPHIQUES

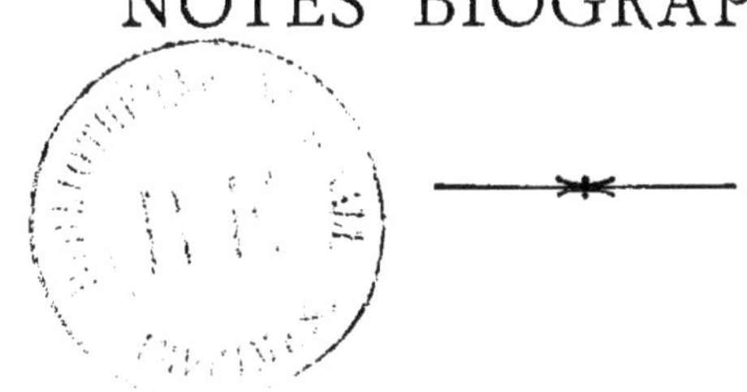

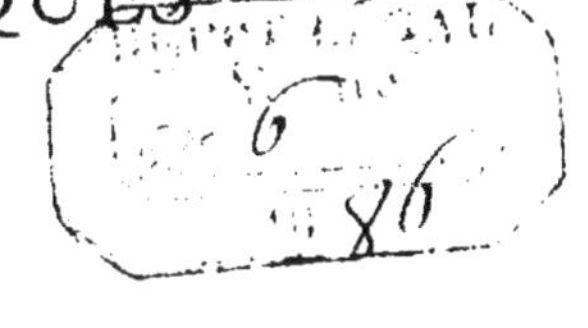

M. Louis-Constant DURANTON

Premier Vicaire Général

Archidiacre de Sens

Par l'Abbé A. HOUSSIN

Chapelain de l'Hôpital de Tonnerre

TONNERRE

TYPOGRAPHIE ET LITHOGRAPHIE P. BAILLY

16 et 18, rue Rougemont, 16 et 18

AUX DAMES RELIGIEUSES AUGUSTINES

DE L'HOPITAL DE TONNERRE

EN MÉMOIRE

DE LEUR TRÈS BON, TRÈS PIEUX

ET TRÈS AIMÉ SUPÉRIEUR

M. L'ABBÉ L.-C. DURANTON

HOMMAGE DE RESPECTUEUSE RECONNAISSANCE

Ces notes n'étaient nullement destinées à la publicité : elles avaient été promises à titre de renseignements à la Semaine Religieuse *du diocèse. Or, son vénéré rédacteur a jugé à propos de les publier* in-extenso.

Je ne le regrette pas, si elles ont pu édifier quelques lecteurs, d'autant plus qu'on a respecté le désir que j'avais exprimé de garder l'anonyme.

Aujourd'hui, pour répondre aux désirs d'une ancienne paroissienne du bon curé, je consens à réunir ces pages.

En agissant ainsi, je n'ai d'autre but que d'offrir un pieux souvenir de notre cher défunt, aux personnes qui furent les âmes choisies de sa famille spirituelle et aux amis qui lui garderont de profonds sentiments de sympathie et de vénération.

A ces notes, dédiées aux Dames Religieuses Augustines de l'Hôpital de Tonnerre, j'ajoute deux articles nécrologiques de leurs sœurs défuntes, ainsi qu'un compte-rendu d'une fête de Saint-Florentin, qui m'a été demandé autrefois par M. Duranton.

Tonnerre, le 10 juin 1886.

En la fête de Sainte-Marguerite, patronne de la Supérieure de la Communauté.

A. H.

M. L'ABBÉ L.-C. DURANTON

Depuis que j'ai eu le bonheur de connaître M. Duranton, trois vertus m'ont semblé briller en lui du plus vif éclat : sa bonté, sa foi, sa prudence. Différents traits le démontreront d'une façon indéniable.

Sa bonté

C'est au petit séminaire d'Auxerre que je vis M. Duranton pour la première fois. J'avais à peine quinze ans.

J'étais loin de penser que ce prêtre, resplendissant de force et de vie, si gai, si plein d'entrain, serait un jour mon pasteur et qu'il me choisirait pour être l'un de ses collaborateurs, j'allais dire l'un de ses confidents.

Dès ce jour, je me sentis épris de cet homme aimable. Etait-ce une révélation du ciel, ou tout au moins un pressentiment providentiel ? Je ne sais ; mais mon affection et mon respect n'ont fait que grandir jusqu'à la dernière heure. Plus tard, j'aimais à rappeler en sa présence une particularité qui m'avait révélé sa bonté et avait touché mon cœur, et très probablement le cœur de beaucoup d'autres élèves comme moi. A ce souvenir déjà lointain (1852-1853), que j'évoquais, il répondait avec ce bon sourire qui le caractérisait : « *C'est pourtant vrai ! Je me rappelle ce que vous racontez comme si c'était aujourd'hui.* »

Tout le monde sait que M. Millon, de vénérée mémoire, avait pour M. Bénoni Duranton, alors rédacteur de la *Constitution*, et pour son frère l'Abbé un attachement qui ne se démentit jamais.

Un beau jour de printemps, les deux frères vinrent rendre visite à M. le Supérieur, qui voulut les avoir à déjeuner chez lui, afin de pouvoir donner un libre cours à ces réparties amicales et spirituelles qui leur étaient si familières.

Or, à cette époque, la règle du petit séminaire ne tolérait guère qu'une promenade par semaine. Pour accorder une faveur sous ce rapport, M. Millon exigeait une régularité parfaite et, en général, un travail exemplaire. Toutefois, les grands d'alors saisissaient avec empressement l'occasion qui leur procurerait, à eux et aux petits, la bonne fortune d'une promenade exceptionnelle.

On avait remarqué au réfectoire l'absence de M. Millon, et bientôt l'on sut qu'il était en compagnie de deux de ses amis intimes. Aussitôt en récréation, les rhétoriciens tinrent conseil, et il fut décidé qu'on se rendrait chez M. le Supérieur. Il écoutait, impassible, la requête qui lui était présentée, avec plus ou moins d'éloquence : le temps était si beau, le soleil si doux, les enfants seraient si heureux ! Hélas ! toutes ces belles et bonnes raisons ne semblaient pas très convaincantes, quand M. Duranton, prenant la parole, obtint en deux mots la grâce demandée. « *Oui*, dit enfin M. Millon, *je veux bien, mais n'oubliez pas que vous devez cette faveur à M. le curé de*

Sougères, ne l'oubliez pas ! » Et nos rhétoriciens de s'élancer triomphants sous les cloîtres, en criant à gorge déployée : « *La promenade ! la promenade ! Vive M. Duranton !* »

Aussi, comme ils étaient heureux et fiers, ses paroissiens et ses élèves de Tonnerre et de Sougères, quand ils nous disaient, en nous le montrant avec un bien légitime orgueil : C'est lui qui m'a baptisé ; c'est lui qui m'a fait faire ma première communion ; c'est lui qui m'a commencé mes études... Tout le monde chez nous l'aime, car il est si bon ! »

Dès son arrivée à Sergines, où il fut appelé en 1857 pour succéder au vénérable M. Larbouillat, il sut attirer à lui par sa bonté. On se rendait sans crainte au presbytère pour solliciter un service, pour confier ses peines à ce pasteur qui se faisait tout à tous, et l'on était toujours reçu avec une telle affabilité et une si grande bienveillance, que chacun s'en retournait content ou réconforté.

Que de fois on le vit user de son influence, et de l'influence d'amis qu'il ne sollicitait jamais vainement en faveur de ses chers paroissiens !

A quelques pas de sa demeure, une jeune enfant sourde et muette commençait à grandir. Admirablement douée sous le rapport de l'intelligence, il fallait songer à assurer son avenir. Aussi, de concert avec les parents, M. Duranton voulut se dévouer à cette bonne œuvre. Il eut bientôt la satisfaction de voir ses efforts couronnés de succès. L'enfant fut admise dans une de ces maisons spéciales, où, par l'éducation, la science et le travail, on lui apprit à se suffire à elle-même.

Vers 1860, la compagnie des sapeurs-pompiers du pays était commandée par un brave homme, un vrai type, qui fréquentait l'église assez régulièrement aux jours de fête. Son curé se l'était attaché par quelques paroles flatteuses. Aussi, à la grande procession de la Transfiguration et au *Te Deum* de l'Assomption, le capitaine n'aurait pas cédé le commandement à un autre, pour tout l'or du monde.

Il est vrai de dire que ses hommes étaient aussi fiers de leur chef que l'Empereur pouvait l'être de son bataillon des cent-gardes. Ah ! c'est qu'il portait si crânement son casque d'airain surmonté de son plumet tricolore !

Mais cet homme n'avait jamais été un foudre de guerre ; je crois même que, durant toute sa vie, malgré ses longs et loyaux services, il n'avait pas une seule fois entendu retentir le canon ni la fusillade sur un champ de bataille. Et pourtant son curé rêvait pour lui les honneurs d'une décoration.

Quand le bon M. Duranton fit part de cette idée à son paroissien, celui-ci répondit, transporté de bonheur : « *Je ne vous le cache pas, M. le curé, je serais bien heureux, si vous pouviez me faire obtenir cette distinction. Non, ce n'est pas pour la gloriole, ce n'est pas pour me vanter, mais allez ! je la mérite autant que beaucoup d'autres.* » C'était bien un peu la pensée du bon curé. Or, après quelques démarches, la médaille d'argent fut décernée à ce brave qui avait, pendant plus de vingt ans, mené ses hommes au feu.

Le soir de la réception de la médaille et du diplôme, remis au titulaire par le maire de la localité, en présence de la compagnie des sapeurs-pompiers en grande tenue, le capitaine accourait au presbytère remercier son curé et l'embrassait avec effusion. Il pleurait comme un enfant et pouvait à peine articuler ces mots : *M. Duranton, que vous êtes bon ! que vous êtes donc bon !* »

Cette bonté s'exerçait surtout à l'égard des affligés et des mourants.

Quand M. Duranton apprenait que le malheur venait de

frapper l'une de ses ouailles, il courait bien vite porter des paroles de condoléance et d'encouragement.

Le lundi saint 1866, une dépêche lui annonçait la mort prématurée d'une religieuse de la Visitation de Dijon. La mère de la défunte, qui avait déjà offert à Dieu trois autres enfants, se trouvait en ce moment seule à sa maison.

Qui donc aurait le courage de faire part du dénouement fatal à cette mère désolée ? Qui saurait verser dans ce cœur brisé le beaume consolateur, sinon le bon pasteur ? Il alla immédiatement s'acquitter de cette mission douloureuse et il le fit avec tant de bonté et de charme, que la pauvre affligée, après avoir donné un libre cours à ses larmes, disposa elle-même sa demeure pour recevoir dignement, le soir même, la dépouille mortelle de sa fille bien-aimée et sa famille qui l'accompagnait. Le lendemain, à la cérémonie des funérailles, M. le curé voulut édifier ses paroissiens, en racontant du haut de la chaire, la vie et la mort de cette humble enfant du pays, et adresser encore à la famille en larmes des paroles de consolation et d'espérance.

Vingt ans plus tard, jour pour jour, Dieu permit que des funérailles magnifiques fussent faites à son bon et fidèle serviteur.

Lorsque la mort venait jeter le deuil dans les familles, il ne se contentait point de visiter, de préparer les malades au passage du temps à l'éternité, il voulait être présent au moment du dernier soupir. Que de fois on le vit abréger son sommeil, interrompre ses repas pour aller réciter les prières des agonisants et donner une dernière absolution !

Lorsqu'il avait fermé les yeux des mourants, il adressait quelques bonnes paroles aux assistants, qui fondaient en larmes et qui le remerciaient toujours de sa bonté. Pour plusieurs ce fut l'occasion d'un retour aux pratiques de la religion longtemps délaissée et le moment providentiel d'une vraie et durable conversion.

Le 16 mars 1886, un malheur soudain et terrible comme un coup de foudre vint jeter la consternation dans la paroisse de Notre-Dame de Tonnerre. M. Lettéron, archiprêtre, était emporté en quelques heures par la mort et ravi à l'estime et à l'amour de ses paroissiens. Aujourd'hui encore, l'on n'a pas oublié l'impression douloureuse qui s'empara de la ville entière à l'annonce de ce fatal évènement.

Deux jours s'étaient à peine écoulés qu'une lettre de Mgr l'archevêque Mellon-Jolly arrivait au presbytère de Sergines. Après vingt ans, il m'est impossible d'en citer textuellement le contenu ; que l'on me permette d'en rapporter simplement le sens :

« Mon cher M. le doyen, disait Sa Grandeur, le diocèse et la ville de Tonnerre viennent de faire une perte immense : M. l'abbé Lettéron nous a été enlevé subitement. . . . .

« J'ai pensé que la Providence vous destinait à lui succéder. Personne ne consolera mieux ce troupeau, qui est plongé dans la désolation. On a pu, durant votre vicariat, apprécier l'aménité de votre caractère, et je sais que l'on n'a point perdu le souvenir de vos bontés d'autrefois... Envoyez-moi donc votre démission par le retour du courrier. »

Tandis que Monseigneur s'exprimait ainsi, à Tonnerre l'on émettait déjà des désirs et l'on formulait des vœux. « Ah ! disait-on, si seulement l'on nous redonnait pour pasteur le bon M. Duranton ! »

Ces prières furent entendues au ciel, et quand on apprit la nomination du nouveau curé, la paroisse commença à sécher ses larmes ; je puis même affirmer que la cité rendit grâces à Dieu.

Cependant, près de quatre mois s'écoulèrent avant l'arrivée du pasteur si désiré. L'administration diocésaine éprouvait toutes sortes de difficultés pour la nomination d'un titulaire au doyenné de Sergines.

Durant ce temps, M. Duranton préparait ses chers paroissiens à la séparation, et il leur donnait, avec ses dernières bénédictions, des témoignages éclatants de son affection.

Enfin, le 2 juillet, Tonnerre revit avec bonheur son ancien vicaire, qui venait s'entendre avec les autorités et fixer le jour de sa prise de possession.

La cérémonie de l'installation fut présidée, le 15 du même mois, par Mgr Pichenot, de douce mémoire. Ce jour-là, la vieille basilique de Marguerite de Bourgogne, comme l'appelait le savant M. Lemaître, suffisait à peine à contenir la foule avide de voir et d'entendre son nouveau pasteur. Il eut bientôt fait de conquérir par sa parole ces cœurs déjà si bien disposés en sa faveur. « *C'est pour moi*, dit-il, *un vrai bonheur de revenir au milieu de vous, après dix-neuf ans d'absence. Je ne m'attendais pas à un pareil honneur. Cependant, laissez-moi vous assurer que j'éprouve aussi une peine profonde en pensant que je suis obligé de passer, en rentrant ici, sur une fosse prématurément fermée, et que vous arrosez encore de vos larmes. Pleurons ensemble, mes frères, et n'oublions jamais celui qui fut votre pasteur et votre père.* » A ces mots l'auditoire ne put retenir son émotion, et tous s'en allaient en disant : « Comme il est bon ! »

A l'exercice du chapelet, les dames et les demoiselles qui formaient le chœur de chant tinrent à exprimer leurs sentiments en chantant avec un entrain sans pareil ce magnifique cantique du R. P. Hermann :

« Ils ne sont plus, les jours de larmes,
« J'ai retrouvé la paix du cœur, etc. »

Dans le courant de cette même semaine du 15 juillet, deux membres du conseil municipal, hommes alors bien posés et estimés de leurs concitoyens, se présentèrent à la cure, réclamant M. Duranton.

Au même instant, celui-ci apparaissait sur le seuil de sa porte et allait au-devant de ses visiteurs, qui lui demandèrent avec la meilleure grâce du monde, la permission de l'embrasser. Il reconnut aussitôt deux de ses anciens élèves du Collége, dont il garda le souvenir aussi longtemps qu'il vécut.

C'est qu'il leur était survenu une singulière aventure. Durant son vicariat à Notre-Dame, il devait présenter les enfants à la première communion, un dimanche du Bon-Pasteur. Or, le jour de Pâques, le Collège était en vacances. Au lieu de venir assister à la sainte messe, comme les parents s'y attendaient, trois jeunes espiègles s'en furent aux bois, à la recherche des nids. M. l'abbé ne tarda pas à connaître cette infraction, qui méritait une répression sévère et une réparation exemplaire. Et pourtant ces trois enfants étaient les meilleurs élèves du catéchisme, les fils des familles les plus honorables ; leurs mères étaient si bonnes chrétiennes !

N'importe ! Il fut décidé que les coupables ne seraient admis à la première communion que le jour désigné pour la cérémonie du renouvellement. Comme alors les parents laissaient au prêtre toute autorité sur les enfants, cette décision fut approuvée, respectée, et nous croyons qu'elle porta bonheur. En effet, non-seulement les enfants se disposèrent mieux à cette grande action de la vie, mais M. Duranton se plut, à cause de leur humble soumission, à leur prodiguer ses soins et son affection.

Quinze ans plus tard, l'un de ces enfants, devenu homme, se rendant à Paris, voulut s'arrêter à Sergines, pour voir et remercier son ancien aumônier du Collège, qui le retint chez lui durant vingt-quatre heures. Les deux autres, dont nous parlons plus haut, furent des amis affectueux et dévoués. Ils moururent prématurément dans des dispositions admirables qui rappelaient celles de leur première communion. Il faudrait écrire longtemps si l'on voulait citer tous les traits de la bonté de notre cher et vénéré défunt durant son trop court séjour à Tonnerre.

Qu'il me suffise de dire qu'après peu de temps passé dans la bien-aimée paroisse, l'on ne parlait guère de lui dans l'intimité qu'en l'appelant : « Notre bon curé ! notre bon père ! »

Un mot qui lui a échappé un jour au tribunal de la pénitence va donner de cet homme aimable une idée parfaitement exacte.

Il recevait les confidences d'une personne qui se plaignait de ne pas servir Dieu aussi généreusement qu'elle l'aurait voulu. « *Ne vous attristez pas trop de vos misères*, disait-il ; *j'en assume volontiers la responsabilité, si vous voulez suivre mes conseils. — Mais, mon père, reprit la pénitente* (c'est d'elle-même que l'on tient ce récit), *si Dieu allait vous reprocher un jour votre trop grande bonté ? — Ma fille*, répondit le bon pasteur, *restez en paix. Voyez-vous, si le bon Dieu nous reprochait, au jugement suprême, à nous autres prêtres, d'avoir été trop bons, nous serions en droit de lui répondre : « Seigneur Jésus, en agissant ainsi, nous n'avons fait que suivre votre exemple.* »

Sa Foi

Après avoir rapporté quelques traits de la bonté de notre bien-aimé vicaire-général, je me sens pressé de lui appliquer ces paroles du divin Maître, que je voudrais voir gravées sur sa tombe : *Mitis et humilis corde :* « Il fut doux et humble de cœur. »

Et que n'aurait-on pas à dire de sa foi, si l'on voulait le suivre depuis sa sortie du séminaire jusqu'à son heure suprême ? Pour moi, je me contente de signaler quelques épisodes dont il m'est facile de témoigner, puisqu'ils se sont passés sous mes yeux.

Dans sa vie intime, il vivait sans cesse sous l'œil de Dieu : *Justus ex fide vivit* Aussi apportait-il à ses exercices spirituels une régularité et une piété parfaites. Il avait pour maxime de donner à Dieu et aux choses de Dieu son premier moment libre.

Quelques mois avant sa mort, dans son pèlerinage à Lourdes, bien que plus âgé que ses deux compagnons de voyage, il était toujours le premier prêt pour son oraison et la préparation à la sainte messe. A peine en wagon, il récitait les prières de l'itinéraire avec un recueillement qui nous édifiait et nous rendait presque confus, nous qui ne pouvions encore détacher nos regards émerveillés du spectacle de la nature, ou de l'aspect des villes et des monuments que nous quittions à regret. Aussi, comme il voyait avec bonheur les sanctuaires et les cérémonies où Dieu semblait mieux honoré !

Plus d'une fois je l'entendis féliciter ses chers paroissiens qui s'imposaient quelques sacrifices pour la décoration de l'église et qui payaient de leurs personnes, de leurs voix ou de leurs talents, afin de rehausser les solennités chrétiennes. On n'a pas oublié, à Sergines, l'éclat qu'il voulut donner à la fête patronale de saint Tiburce en 1861, au mois d'août. Il y avait invité M. le Supérieur du grand Séminaire, M. Valette, alors professeur de morale, et une dizaine de leurs élèves des environs.

Ses paroissiens, en contemplant ces jeunes lévites à la tenue modeste, ces prêtres revêtus des magnifiques ornements rouges en velours antique d'Utrecht, pensaient, avec une certaine fierté, qu'en ce jour leur église ressemblait à une petite métropole. Des vieillards, témoins de ce spectacle, croyaient entrevoir une ombre des anciens temps, car ils ne se consolaient pas d'avoir vu disparaître, avec la liturgie sénonaise, leurs chants populaires si aimés et leurs processions interminables, dans lesquelles quinze ou vingt choristes s'avançaient majestueusement parés de chapes multicolores.

Avant de se présenter à Tonnerre, le 2 juillet 1866, il se rendit à Pontigny, pour prier au tombeau de saint Edme, et demander au saint Pontife d'obtenir de Dieu les bénédictions dont il avait besoin pour la conduite de son troupeau et la reconstruction de l'église Notre-Dame.

Il pensait voir ses vœux exaucés, quand tout à coup, cette œuvre, compromise par les lenteurs de l'architecte, devint irréalisable par suite de la déclaration de la guerre de 1870. Il ressentit alors l'une des grandes peines de sa vie et ne s'en consola jamais.

La foi qui le portait à aimer la beauté de la maison du Seigneur, inclinait son âme vers les âmes qui se dévouaient à l'embellissement des temples de Dieu. Une preuve en passant.

En 1883, lors des tournées de confirmation à Tonnerre, il fut profondément touché en apprenant qu'une vénérable nonagénaire, à laquelle il avait voué une sorte de culte, sentant sa fin prochaine, avait résolu de restaurer et d'orner le sanctuaire de son pays natal, après avoir donné une large offrande à Notre-Dame, sa paroisse adoptive. Non content de féliciter la généreuse donatrice, qui gardait la chambre depuis de longues années, il demanda à Sa Grandeur et obtint l'honneur d'une visite et d'une bénédiction qui porta bonheur. En effet, l'heure de la mort ne tarda guère, et cette mort fut pieuse, douce et paisible comme le sommeil d'un enfant.

Les hommes de foi l'enthousiasmaient. Il aimait à faire devant nous l'éloge d'un capitaine de frégate qui suivait pieusement et sans respect humain, dans les rues de la ville, le dais aux processions du Saint Sacrement. « *Comme c'est beau !* disait-il, *comme c'est beau un homme de foi ! Oui, l'on peut compter sur de tels hommes !* » Il avait raison, j'oserais presque affirmer qu'il parlait en prophète. Celui qui excitait ainsi son admiration tomba glorieusement à la tête de ses marins, à l'attaque de Choisy-le-Roi, le 19 novembre 1870. C'était M. Eugène Desprez, officier de la Légion d'honneur.

Enfin, sa foi se révélait surtout par son respect et sa soumission à l'autorité, à son Archevêque, au Souverain-Pontife.

M. Duranton aimait d'un amour immense le ministère paroissial ; il eût voulu s'y dévouer jusqu'à la mort. Lorsqu'il fut appelé au poste de vicaire général, il dut se résigner à l'un des plus grands sacrifices de sa vie. Il ne se croyait pas destiné à cet honneur, qu'il considérait comme une lourde charge. Un jour, il partit pour Sens, espérant toucher Sa Grandeur par ses prières : il désirait rester à Tonnerre. Mais, son archevêque insistant de plus en plus, il se soumit et signa sur-le-champ, non sans larmes, sa démission de curé de Notre-Dame de Tonnerre. Le soir même, il adressait à l'un de ses confidents ces quelques lignes : « *Consummatum est !* Mon bien cher, le sacrifice est complet. Monseigneur m'a rappelé mon *Promitto* de l'ordination ; dès lors, je n'ai plus considéré que la volonté de Dieu. Fasse le Ciel que vous ne passiez jamais par de pareilles épreuves ! Cependant, je dis bien volontiers, et vous direz avec moi de tout cœur : *Fiat ! Fiat !* »

Au temps où les chrétiens de France s'imposaient de lourdes charges pour la formation et l'entretien des zouaves pontificaux, il ne se contentait pas de stimuler la charité des fidèles, il puisait largement dans sa bourse qui n'était pas inépuisable. Ah ! c'est qu'il s'agissait du Père de la chrétienté, du Représentant de Notre-Seigneur Jésus-Christ sur la terre ; dès lors il donnait généreusement, il se fût donné lui-même. « *La dévotion au Pape est une dévotion qui me va au cœur,* » disait-il de temps à autre ; et plusieurs se souviennent encore avec quelle ardeur et quel charme il la recommandait.

Après cela, l'on ne sera pas surpris si sa foi le portait à professer une sorte de culte, non seulement pour notre immortel Pie IX, mais aussi pour ces hommes illustres qui s'étaient voués à la défense des droits du Souverain-Pontife. Parmi toutes ces célébrités d'alors, il s'était particulièrement épris de Mgr Pie, « *l'Hilaire des temps modernes,* » comme il aimait à l'appeler. Aussi, quand, au mois de septembre dernier, il se rendit à Lourdes, il fut heureux de s'arrêter à Poitiers, ville si remarquable par ses monuments religieux. Sainte Radegonde le vit offrir le saint sacrifice avec une piété et une foi d'adolescent. A la cathédrale Saint-Pierre, il ne put retenir ces paroles, qui paraîtront peut-être sévères, en considérant la modeste chaire ornée de ses deux palmiers : « *Non ! ce n'était pas digne de l'éloquence de l'illustre cardinal Pie.* »

A Saint-Hilaire, ses souvenirs se reportèrent sur Vézelay. Notre-Dame-la-Grande eut, malgré ses ruines, toutes ses préférences, non pas à cause de son architecture unique en France et peut-être au monde, mais parce qu'il put y vénérer la tombe du cardinal Pie, d'illustre mémoire. — « *C'était un génie incomparable*, répétait-il ; *comme il aimait Rome et le Pape !* »

L'une des grandes joies de sa vie, et probablement l'une des récompenses de sa foi, a été de pouvoir s'agenouiller aux pieds de Léon XIII, successeur de Saint-Pierre. — Ici, laissons-lui la parole, car il peint trop bien lui-même et son cœur et son amour et sa foi ! Voici ce qu'il écrivit de Rome, le 17 janvier 1883 : «... *Je ne saurais vous peindre l'émotion qui m'a saisi en arrivant auprès du Saint-Père. Mgr avait eu pourtant la bonté de bien préparer le terrain en ma faveur ; n'importe, je pleurais comme un enfant qui a entendu mille fois parler de son père, qu'il n'a jamais vu et qui le contemple enfin pour la première fois. Petit à petit, la douce parole de Léon XIII m'enhardit : « Venez, venez, mon bon grand-vicaire ; approchez-vous tout près, tout près » Je m'approchai tout près, et quand je lui eus baisé le pied, il me prit la main, la serra paternellement dans la sienne, la tint ainsi sur ses genoux six à sept minutes, questionnant tour à tour Monseigneur et moi-même avec une affabilité dont vous n'avez pas d'idée. — Et quel est le lieu d'origine de votre cher grand-vicaire ? — Il est de Tonnerre, Très Saint-Père, répondit Monseigneur. — Ah ! Tonnerre, repartit Léon XIII ; nous avons eu le Cardinal de Clermont-Tonnerre ? — Oui, Très*

Saint-Père, et la famille réside encore dans la localité. — Très bien! très bien! Et depuis combien de temps le bon grand-vicaire est-il auprès de vous? — Depuis bientôt 13 ans, Très Saint-Père. — Allons! Allons! Qu'il continue à faire le bien! Puis, s'adressant à moi : — Et c'est la première fois, mon fils, que vous venez à Rome? — Hélas, oui, Très Saint-Père, et je dois cette grande faveur à notre digne Archevêque. — Et vous êtes venu voir le Pape captif! oui, oui, captif! — Vos chaînes, Très Saint Père, font notre douleur; aussi demandons-nous tous les jours à Dieu qu'il les fasse tomber au plus tôt et qu'il rende à son Église et à son illustre Chef le calme et la paix. — Le Pape, à ces mots, poussa un soupir et leva les yeux au ciel. Ensuite, continuant de s'adresser encore à moi : — Selon votre désir, dit-il, *je vais vous bénir, vous, tous les vôtres, tous vos amis, toutes les personnes qui ont demandé d'êtres bénies en même temps que vous. Il se leva aussitôt et dit* : Benedictio Dei omnipotentis... »

M. Duranton revint de Rome, l'âme parfumée de tout ce qu'il avait vu et entendu. De même, il est revenu de Lourdes, pour ainsi dire, à la veille de sa mort, le cœur charmé par les sentiments de la foi qu'il manifesta à Montmartre, à Chartres, à Saint-Martin de Tours, au berceau de saint Vincent, à N.-D. de Buglose, à Lourdes, à Saint-Sernin de Toulouse, au Sacré-Cœur d'Issoudun, etc. — Dieu, avant de le faire jouir de la vision béatifique, avait voulu récompenser la foi de son fidèle ministre.

Sa prudence

Encore un mot sur la prudence de notre vénéré père, et je termine ces quelques notes biographiques.

Dirai-je que sa conduite extérieure fut toujours et partout si bien ordonnée qu'on n'a jamais pu formuler contre lui une parole de critique sérieuse ? Et, de nos jours, l'on conviendra facilement qu'il faut être un prêtre trois fois exemplaire pour échapper aux traits si perfides de la malice de nos ennemis !

Oui ! avant de fermer les yeux à la lumière de ce monde, le bon, le saint M. Duranton (qu'on me permette de l'appeler ainsi), avait bien le droit de dire, en s'adressant à ses nombreux paroissiens : « *Quis ex vobis arguet me de peccato :* Qui de vous me reprocherait quelque chose ? » Et à sa dernière heure, il n'a fait que s'humilier et pleurer comme un enfant, au souvenir de manquements qu'il s'exagérait.

Cependant quel est le prêtre, le curé, le pasteur qui n'ait parfois à s'acquitter du devoir si pénible et si nécessaire de la correction ? Il savait alors agir avec une prudence exquise. Bien loin de blâmer en face, il préférait adresser aux coupables un compliment quelque peu forcé, qui excitait l'hilarité d'abord et amenait très souvent l'accusation et la réparation de la faute.

Durant son séjour à Tonnerre, chaque année, accompagné

de ses deux vicaires, il visitait, au moins une fois, chacune des familles qui composaient sa paroisse, sans jamais faire d'exception. C'était pour lui l'occasion de rappeler les indifférents à leurs devoirs, de détruire les préventions d'hommes ignorants ou aigris, et d'en engager même quelques-uns à régulariser une vie qui n'était pas chrétienne.

Ici, il faisait l'éloge des qualités et des vertus des enfants, et gagnait ainsi le cœur des parents ; là, il engageait le père ou la mère à exercer une surveillance plus active, et sa parole était presque toujours goûtée. Si nous ne voulions éviter les personnalités, il nous serait facile de rappeler des faits qui prouveraient indubitablement que ce ministère aux foyers des familles a porté des fruits de salut, grâce à la prudence avec laquelle il était accompli.

Sa prudence se révélait surtout à l'égard de ses jeunes collaborateurs, qu'il aimait d'un amour si tendre, si paternel ! Il les voulait unis entre eux et bons comme des frères. Aussi, il distribuait à chacun, avec une égalité scrupuleuse, les charges et les travaux, dont il se réservait toujours la plus large part. Quant aux petits avantages, il en exigeait le partage exact, voulant éviter à tout prix la moindre cause de désunion ou de rivalité. Combien il désirait voir leurs cœurs ornés des vertus sacerdotales ! S'il les encourageait dans leurs travaux, — et il n'y manquait pas, — si même il louait publiquement leur zèle, il savait, dans l'intimité, les reprendre sur ce qui lui semblait défectueux.

Un jour, l'un d'eux vint lui rapporter certains propos qui ne lui paraissaient être ni sages, ni sérieux : « *Mon cher abbé,* lui dit-il, *pourriez-vous me faire connaître qui a tenu ce langage ? — Non ! assurément ; mais si vous le désirez, je vais charger ma petite police de s'en informer. — Non ! non ! mon cher abbé,* reprit-il avec une très grande énergie, *gardez-vous bien de faire ce que vous dites et jamais plus ne vous permettez un pareil langage. Croyez-moi, ce n'est ni prudent ni sacerdotal.* »

Dans une autre circonstance, il venait de féliciter l'un de ses vicaires, fort bien doué pour le ministère de la parole : « *Voulez-vous, mon cher ami, me permettre une petite observation, par rapport au genre que vous préférez ? Eh bien, en général, vous aimez trop les sujets terribles... Votre auditoire ne connaît pas, comme nous, la bonté de votre cœur, la tendresse de votre âme ; croyez-moi, vous vous exposez à faire peur. Allons ! allons ! rappelons-nous que l'on prend plus de mouches avec un peu de miel qu'avec des quantités de vinaigre. Ayez la prudence d'attirer à vous, pour porter ensuite les âmes à Dieu.* »

Je finis en disant que si M. Duranton a été l'homme bon et fidèle par excellence, il a été aussi l'homme prudent qui mérite une joie éternelle : *prudens et fidelis.* Elle lui sera donnée, si déjà il ne la possède.

En terminant ces simples notes biographiques, je serais tenté de me faire un reproche, si je n'avais cédé aux instances du vénéré rédacteur de la *Semaine*, et aux sollicitations non moins pressantes d'amis sincères ; car, en écrivant, on livre toujours une partie de soi-même. — Mais j'ai l'espoir que cette humble esquisse d'une si belle vie tentera le cœur d'un ami et la plume d'un littérateur, et notre diocèse n'a rien à envier, sous ce rapport, à beaucoup d'autres. — En effet, si j'étais artiste, je ne voudrais pas délaisser un tel sujet, car on n'en rencontre pas de pareil tous les jours, et il mérite d'être largement traité.

O prêtre ! ô pasteur ! ô père ! permettez que je dépose sur votre tombe ce trop faible gage de la tendre affection et de la bien sincère reconnaissance d'un de vos très humbles fils en Notre-Seigneur.

A. H.

(*Extraits des nos 18, 19, 20, 21 de la* Semaine religieuse *1886*).

MME S^TE APOLLINE

Sœur Hospitalière de Tonnerre

Vendredi dernier s'endormait doucement dans le Seigneur, à l'hôpital de Tonnerre, Mme Jeanne Décailly, en religion Mère Sainte-Apolline. Cette vénérable sœur, la plus ancienne de la communauté, rendait sa belle âme à Dieu après l'avoir servi près d'un demi-siècle dans la personne des pauvres et des malades.

S'il fallait redire la vie entière, les œuvres et la mort de cette modeste épouse du Seigneur, un livre suffirait à peine. On m'excusera donc, si je me borne ici à de simples notes, qui n'ont d'autre but que d'édifier les lecteurs de la *Semaine*.

Mère Sainte-Apolline naquit près de Dijon, au village d'Aubigny. A vingt ans, elle avait résolu de se consacrer à Dieu, et, peu après la révolution de 1830, elle se présentait au noviciat des Dames hospitalières de Tonnerre.

Ses premiers pas dans la vie religieuse ont été remarquables de piété et de ferveur, si l'on en juge par ce qu'elle fut jusqu'à son dernier soupir. Aussi, combien de fois n'a-t-on pas entendu ses compagnes l'appeler la *règle vivante* ! Cette régularité n'avait cependant rien de dur et d'exagéré, car la douceur et la modestie accompagnaient tous ses actes. Et après plus de quarante ans de profession, après avoir occupé tous les emplois, depuis le plus humble jusqu'au plus élevé, les sœurs confessent que sa vie a été toute cachée en Dieu, éloge d'autant plus remarquable que, par tempérament, Mère Sainte-Apolline était ardente et infatigable.

Les travaux les plus pénibles, les emplois les plus durs, les charges les plus répugnantes et les plus périlleuses, les veilles les plus longues, la grande veille du lendemain de Noël surtout, souriaient à cette nature d'élite ; elle les réclamait comme une faveur. Douée d'une grande force et d'une énergie plus grande encore, elle passa plus des deux tiers de son existence sans se plaindre de la peine, sans demander du repos. On l'entendit même, un jour, dire cette parole étonnante à l'une de ses sœurs : « *Je ne comprends pas qu'une hospitalière se fatigue.* » Hélas ! vers la fin de sa carrière, la bonne Mère allait comprendre comment il arrive qu'on se fatigue et qu'on s'affaiblit.

En prodiguant ses soins à une femme atteinte d'un mal contagieux, Mère Sainte-Apolline reçut le germe de la maladie qui la conduisit au tombeau. Cette hospitalière infatigable, qui n'avait jamais su se ménager, allait mourir victime de sa charité. Sa santé ne tarda guère à s'altérer visiblement, et ses sœurs rivalisèrent alors de zèle pour rendre son service aussi doux que possible. La garde des personnes âgées et infirmes, œuvre qui exige plus de patience que de fatigue, fut confiée à sa vigilance ; et alors qu'elle sentait son mal grandir et ses forces diminuer, elle trouvait encore un aliment à son activité des anciens jours.

Que de fois on la vit, après son service, passer le temps de ses récréations à réparer les vêtements de celles qu'elle aimait à appeler *ses pauvres vieilles!* Elle ne voulait le repos que dans l'éternité.

Dieu ne tarda pas à récompenser une vie si bien remplie, et il fit comprendre à son humble servante que sa fin était proche. Ce fut avec la plus parfaite soumission qu'elle songea à se disposer à la mort. Le divin Epoux trouva la vierge fidèle prête à recevoir sa visite ; mais pour la purifier de ses moindres imperfections, il lui ménagea une suprême épreuve. Cette héroïque servante des pauvres et des infirmes eut peur, à la pensée que sa vie, pourtant si laborieuse, n'était qu'une vie inutile et sans mérite. Il fallut l'encourager et l'exhorter à mettre toute sa confiance en Dieu. Enfin, après un dernier et terrible combat, le calme se fit dans cette belle âme, et Mère Sainte-Apolline, tranquille et radieuse, commença doucement son dernier sommeil.

Ses funérailles furent simples comme sa vie. Derrière le modeste cercueil se pressaient ses vaillantes compagnes, les fidèles de la ville, témoins de son zèle et de son aimable dévouement, et aussi ses *pauvres vieilles*, bravant la rigueur du temps, pour dire adieu à leur *bonne mère*. Je ne pouvais m'empêcher de penser à cette parole de l'Esprit-Saint, que je voyais, pour ainsi dire, se réaliser dans ces touchantes cérémonies : *Opera eorum sequuntur illos :* leurs œuvres les accompagneront.

A. H.

Tonnerre, 25 décembre 1879.

(Extrait du nº 1 de la Semaine 1880).

MME S^T AUGUSTIN

Sœur Hospitalière de Tonnerre

Nous avons été bien édifiés hier, à la cérémonie des funérailles de Sœur Saint-Augustin, religieuse hospitalière ; l'assistance était nombreuse, sympathique et on ne peut plus recueillie.

L'administration de l'Hôpital se trouvait très largement représentée. Riches et pauvres s'étaient, ce semble, donné rendez-vous pour offrir un suprême hommage au dévouement de l'humble servante des pauvres. Cependant l'on peut affirmer, sans crainte d'être démenti, que pendant les trente-deux années de sa vie religieuse, la bonne sœur n'a guère recherché que la retraite la plus profonde.

En effet, l'emploi de la cuisine et de la dépense, c'est-à-dire l'un des plus pénibles et des plus obscurs, fut de tous ceux confiés à son zèle, le plus cher à son cœur et celui dans lequel elle aimait à prodiguer ses forces et sa santé.

Aussi, quand il y a quelques mois, elle dut, à la voix de sa supérieure, renoncer à ce labeur désormais trop pénible pour elle et prendre un peu de repos, elle fit l'un des plus grands sacrifices de sa vie.

A partir de ce moment, elle fut persuadée que sa fin était proche et on la vit se préparer tranquillement à entrer dans son éternité. Elle parlait même de sa mort avec un calme et un naturel qui révélaient la vivacité de sa foi et la fermeté de ses espérances.

Lorsque la maladie de cœur dont elle souffrait depuis longtemps, eut fait des progrès alarmants, elle dit à ses compagnes qu'elle croyait le moment venu de recevoir les secours de la religion. On se rendit à ses désirs qui semblaient prématurés, et elle reçut son Dieu et le Sacrement de l'Extrême-Onction avec une piété et une ferveur vraiment angéliques.

Le 10 de ce mois, vers 4 heures du matin, sans secousse et sans agonie, entourée de ses compagnes brisées de douleur, elle rendit sa belle âme à Dieu.

Sœur Saint-Augustin, Mme Anne Caussard, était née à Tonnerre, le 17 février 1825 : elle avait été admise au noviciat des Dames Augustines hospitalières le 16 décembre 1850 et à la profession religieuse le 8 septembre 1852.

A. H.

Tonnerre, le 14 Juillet 1882.

(*Extrait du n° 28 de la* Semaine *1882*).

LA FÊTE DU 9 JUIN 1880 A SAINT-FLORENTIN

Le 9 courant, on remarquait un mouvement inaccoutumé dans la ville de Saint-Florentin. Dès les premières heures du jour, des ecclésiastiques et des personnes étrangères à la petite cité arrivaient en habits de fête, un peu de toutes parts. Vers huit heures du matin, les cloches de l'église et celles de la grosse tour saluèrent Mgr l'Archevêque, qui venait présider une cérémonie exceptionnelle et bénir un nouvel orgue, œuvre de M. Merklin, le fameux facteur de Lyon.

C'était en ce jour que M. l'abbé Voirin, curé-doyen de Saint-Florentin depuis plus d'un demi-siècle, célébrait ses *noces d'or*. Aussi, ses paroissiens, ses amis et ses confrères étaient-ils accourus, nombreux, offrir leurs félicitations et leurs vœux à ce vétéran du sanctuaire, à qui Dieu conserve la santé et l'ardeur des premiers ans. L'église, déjà si belle, avait été magnifiquement parée pour la circonstance. Des arbustes en fleurs, des guirlandes de verdure ornaient les autels, les balustrades, le jubé et la tribune de l'orgue.

Lorsque le premier pasteur du diocèse, revêtu des ornements pontificaux, accompagné de M. Duranton, vicaire général, et d'un grand nombre de prêtres en habit de chœur, fit son entrée solennelle pour aller offrir le saint sacrifice, l'assistance, déjà considérable, ne put se défendre d'une émotion de satisfaction et de bonheur.

Pendant que l'orgue, tenu par des amateurs et des artistes, répandait ses flots d'harmonie sous les voûtes du temple, M. Voirin, le roi de la fête, offrait au pontife l'eau bénite et l'encens. Puis la procession continuant sa marche, se rendait au sanctuaire, tandis que les fidèles, respectueux et recueillis, s'inclinaient sous la main du prélat qui les bénissait.

La musique religieuse, douce et puissante, comme il convient en ces circonstances, ne cessait d'élever les pensées et les cœurs. A l'élévation, un *O Salutaris* à plusieurs voix, avec accompagnement d'orgue, fut chanté avec âme. Est-il besoin de dire que, pendant la sainte messe, les prières et les actions de grâces montèrent vers le ciel, sincères et ferventes ? M. le doyen, debout près de son archevêque, qui offrait la sainte victime, paraissait heureux de toutes ces marques de sympathie, et plus d'une fois on a vu couler de ses yeux des larmes d'attendrissement. En contemplant ce spectacle, je me disais en moi-même que cinquante années de travaux méritaient bien ces honneurs et ces joies.

Après la cérémonie du matin, un déjeuner fut offert à Sa Grandeur ; les membres du conseil de fabrique, qui ont si bien secondé leur pasteur dans la restauration et l'ornementation de son église, y prirent part, ainsi que tous les ecclésiastiques invités. Au dessert, l'on porta un toast au vénérable doyen, et chacun de redire en son honneur le vœu des meilleurs jours de fête : *Ad multos annos !*

A deux heures, lorsque Monseigneur se rendit de son trône à la grande nef, pour la bénédiction de l'orgue, que l'on inaugurait en ce jour, l'église avait peine à contenir les fidèles, et le nombre des auditeurs allait toujours croissant. Les prières liturgiques terminées, le royal instrument, qui avait déjà charmé l'assistance le matin, jouait à ravir. Ces paroles, que j'entendis prononcer près de moi, ne paraîtront pas exagérées quand on saura qu'un artiste distingué de la Capitale, M. G. Gigout, organiste de Saint-Augustin, avait bien voulu prêter son concours à cette occasion. Combien je regrette que mes connaissances musicales ne me permettent pas d'apprécier, comme il le mérite, le talent du savant professeur de l'école Niedermeyer. Mais, en entendant ses improvisations magistrales, son interprétation si correcte de Bach, de Mendelssohn et autres grands maîtres, il n'est pas possible de rester indifférent. On éprouve un je ne sais quoi qui vous saisit, vous impressionne, vous transporte ; et, si la majesté du saint lieu n'imposait le silence, l'on serait forcé d'applaudir.

Mes sincères compliments à l'ancien élève de l'institution des Jeunes-Aveugles de Paris pour ses deux morceaux de violon concertant avec l'orgue. La franchise de son coup d'archet, l'expression de son jeu et le témoignage flatteur de M. Gigout, chargé de le juger comme organiste, m'autorisent à dire qu'en l'attachant à son église M. le doyen a fait une bonne œuvre et une excellente acquisition.

Au milieu de la cérémonie, il se fit tout à coup un profond silence. Le R. P. Maumus, religieux dominicain de Dijon, venait de paraître en chaire. Dans un fort beau discours, il développa ces trois pensées de Saint-Thomas sur la musique religieuse : 1° elle fortifie ; 2° elle élève ; 3° elle console. L'action entraînante de l'orateur, jointe à la chaleur et à la vivacité de sa parole, soulevait par instant l'auditoire, qui l'écoutait avec la plus vive satisfaction.

Monseigneur, se levant, dit la raison de sa présence à cette solennité. Sa Grandeur était heureuse de donner un témoignage éclatant d'estime et d'affection à l'un des prêtres les plus méritants de son diocèse. Depuis plus d'un demi-siècle, elle le savait dévoué au bien de sa paroisse, et l'œuvre capitale de son long ministère, la restauration de son église, méritait tous ses éloges. En effet, lorsque M. Voirin en prit possession, ce monument se trouvait dans un état lamentable, condamné à périr. Grâce à son intelligence et à son zèle, grâce au concours merveilleux de ses paroissiens, qui ont eu foi en lui, ce monument a été sauvé de la ruine, embelli, richement orné, et ces magnifiques orgues complètent l'œuvre si bien commencée. Honneur donc au pasteur infatigable, honneur aussi aux âmes généreuses de ce troupeau, qui viendra maintenant, avec plus d'empressement que jamais, chanter dans son temple les louanges du Seigneur !

Après le salut du Saint-Sacrement, Monseigneur fut reconduit au presbytère, et les mères de famille étaient heureuses de lui présenter leurs petits enfants, qu'il bénissait avec une paternelle affection. En résumé, les habitants de Saint-Florentin ont le droit d'être fiers de cette belle journée, dont ils garderont longtemps le souvenir.

A. H.

(Extrait du N° 25 de la Semaine, 1889).

TONNERRE. — IMPRIMERIE P. BAILLY

TONNERRE. — IMPRIMERIE P. BAILLY

www.ingramcontent.com/pod-product-compliance
Ingram Content Group UK Ltd.
Pitfield, Milton Keynes, MK11 3LW, UK
UKHW022139260726
13993UKWH00005B/2027

9 782329 324203